qu'on lui fasse

pour Yaël et sa ribambelle

E. B.

pour Violette

L. L. N.

© 1997, Editions du Seuil
Dépôt légal : octobre 1997
ISBN : 2-02-025450-6
N° 25450-6
Loi 49-956 du 16 juillet 1949
sur les publications destinées
à la jeunesse
imprimé en Belgique

élisabeth brami lionel le néouanic

moi j'adore, maman déteste

seuil jeunesse

qu'on ait la
fièvre
le lundi matin.

les trésors
de plage qu'on garde
précieusement
et qui finissent par
puer aussi fort
que les expériences
chimiques.

le manche de la
cuillère plein
de confiture,
de beurre ou de
chocolat.

qu'on ne mette
pas ses lunettes
ou qu'elles soient
crasseuses.

qu'on échange
un cadeau de valeur
contre un truc
à trois sous
qui nous plaît.

les chaussettes
dépareillées
et les chaussures
crottées.

les bulles qui claquent,
les bulles glouglouttantes
dans le verre de jus
d'orange et surtout les
bulles qu'on fait
avec son nez ...
quand on est enrhumé.

l'inondation
dans la salle
de bains.

les copains
qui téléphonent
tout le temps
et surtout pendant
les repas.

qu'on soit
"dans ses pattes"
quand elle est
pressée.

qu'on lui offre
un cadeau pour
la maison au lieu
d'un cadeau
vraiment pour Elle.

la glace
qui dégouline
au cinéma.

qu'on s'achète des "cochonneries" à la boulangerie avec notre argent de poche.

le chewing - gum
collé sous le
bureau ou derrière
le radiateur.

qu'on mange
avec les doigts,
ou la bouche ouverte
en faisant du
bruit.

les lacets qui
cassent ou qui
font des noeuds
quand on est
pressés.

les cultures de haricots
qui pourrissent,
les élevages d'escargots,
têtards, poissons,
tortues... qu'on oublie
et qu'elle doit nettoyer
ou nourrir.

qu'on fasse
des gouttes à côté
de la cuvette des w.-c
ou qu'on oublie
de tirer la chasse.

qu'on se balade
en chaussettes.

le bruit,
la musique à fond,
les hurlements,
la pagaille.

les taches d'encre
sur les habits,
les mains, les murs et
la pâte à modeler
dans les poils
de la moquette.

nettoyer
les confettis,
les maquillages
après la fête.

qu'on coure dans
la rue, et saute,
surtout dans les
flaques d'eau.

qu'on tousse
et qu'on bâille
sans mettre
la main.

qu'on mette les
doigts dans le nez,
qu'on suce ses doigts,
son pouce.

qu'on se cache
pour gagner du
temps quand elle
vient nous récupérer
chez un copain.

TÉLÉPRI

LE GOÛTER
OÙ ÇA ?

qu'on allume
la télé en rentrant
avant le goûter
ou les devoirs.

qu'on l'appelle quand
elle est aux toilettes
ou sous la douche ; qu'on
l'interrompe quand
elle est au téléphone et
qu'on lui coupe
la parole dans une
conversation.

les pieds qui
grandissent
après la période
des soldes.

qu'on boive
au robinet.

que l'infirmière
lui téléphone pour
qu'elle vienne nous
chercher à l'école
quand ce n'est pas
un vrai mal
au ventre.

qu'on grignote
toute la journée,
entre les repas.

qu'on lui raconte
des bobards
et des mensonges.

le tube de dentifrice
écrabouillé, débouché,
et la brosse à dents
sèche et pas rincée.

qu'on ait
la bougeotte
en voiture.

qu'on fasse l'idiot
avant d'aller au lit
et qu'on se relève
après qu'elle nous
a bordés et dit
"bonne nuit".

SUPERBATH

les invitations
arrangées en douce
avec un copain,
une copine.

tous les monstres,
les dents de vampire,
les araignées gluantes
et les films d'horreur
tout ce qui fait
peur.

qu'on refuse
de goûter un plat
en faisant
" beurk ! ".

qu'on soit sale,
les ongles noirs,
les genoux écorchés,
le ventre à l'air,
les cheveux ébouriffés.

qu'on se balance
sur les chaises.

qu'on dise "hein?",
qu'on hausse les épaules,
qu'on lui réponde ou...
qu'on ne
réponde pas!

qu'on se serve
dans le frigo avec
les copains et qu'on
laisse traîner
les emballages
vides.

que papa
nous permette
quelque chose
qu'elle a interdit.